ERFOLGREICHE UNTERNEHMER

DAS MOTIVATIONSBUCH

DIE 50 BESTEN TOOLS INKL. VORLAGEN

Impressum

1. Auflage

Umschlag:
Oliver Schmuck
Martina Peukert

Lektorat:
Renate Jung

ISBN:
9798321332030 (Paperback)

Inhaltsverzeichnis

VORWORT

Was macht einen Unternehmer erfolgreich?

Ist es sein extremer Wille zum Erfolg?

Ein gutes Netzwerk oder das berühmte Vitamin B?

Sicherlich spielt ein wenig von allem mit hinein, und doch gibt es immer wieder Hürden, die nicht absehbar sind und zum Scheitern einer Selbstständigkeit führen.

Als Beraterin und Coach für Unternehmer habe ich schon viele Selbstständige kommen und gehen sehen. Teils mit großartigen Ideen, für die entweder die Welt oder der Gründer selbst noch nicht bereit war.

Ich habe selbst Unternehmen gegründet und bin als Unternehmerin im ganzen Land unterwegs, um anderen Gründern oder gestandenen Unternehmern zu (mehr) Erfolg zu verhelfen. Ich zähle zu den erfolgreichsten Unternehmerinnen in Deutschland, habe mehrere Auszeichnungen als TOP-Unternehmerin verliehen bekommen und wurde jüngst in die Liste der 500 wichtigsten Köpfe der Erfolgswelt aufgenommen.

Nun möchte ich auch dir dabei helfen, ein erfolgreicher Unternehmer zu werden und gebe dir das nötige Rüstzeug an die Hand.

Oft sind es die kleinen Dinge, die den Unterschied machen und die dein Unternehmen voranbringen.

In diesem Buch möchte ich dir als dein persönlicher Coach zur Seite stehen und dich und deine erfolgreiche Selbständigkeit bzw. dein Unternehmen voranbringen.

Anpacken, Mut beweisen und diszipliniert dein Ziel verfolgen musst du dann allerdings selbst.

Worauf wartest du noch? Lass uns beginnen!

Deine Martina Peukert

1.

500 Mio. : 1

Die Wahrscheinlichkeit, dass du heute diesen Text liest, liegt bei 500 Mio. zu 1!

Durchschnittlich strömen ca. 500 Mio. Samenzellen zur Eizelle, um diese zu befruchten. **Und Du hast es geschafft!**

Du bist also von Geburt an ein Sieger, denn du hast das Rennen gegen 500 Mio. andere gewonnen!

Was also hält dich davon ab, dein Leben zu genießen und das Leben zu führen, das du dir wünschst?

Power in deine Selbständigkeit zu geben und alles dafür zu tun?

Jeder Mensch auf dieser Erde kommt mit einem einzigartigen Talent auf diese Welt, um die Welt und andere Menschen damit zu bereichern. Welche Gabe ist es bei dir? Und doch: auch du hast eine besondere Gabe!

Was macht dir Freude? Bei welcher Tätigkeit vergisst du die Zeit? Meistens sind es Hobbies, und viele kommen gar nicht auf die Idee, daraus einen Beruf zu machen.

Überlege einmal genauer, was dir Freude macht, und suche dir einen guten Coach oder auch Freund, der dir hilft, deine Berufung zu finden, die vielleicht unendlich viele Menschen glücklich macht und weiterbringt.

2.

Bereite Dich vor

Sei vorbereitet - auf jede Situation und Person.

Wenn du gerade in die Selbständigkeit starten möchtest, solltest du dir darüber im Klaren sein, was du anbieten möchtest und dich sehr gut über Chancen und Risiken, die Marktlage und über deine Konkurrenz informieren.

Eine Checkliste zur Vorbereitung auf die Gründung findest du im Download-Bereich. Es ist wichtig, dass du dich gut informierst, um auf Krisen und eventuelle Rückschläge, aber auch den Ansturm vorbereitet zu sein.

Im laufenden Business und gerade bei Verhandlungen solltest du auf dein Gegenüber immer gut vorbereitet sein. Recherchiere hierfür im Internet, auf Facebook, der Webseite oder schaue in deinem Netzwerk nach, ob jemand deinen Geschäftskontakt zufällig kennt.

Sei auch auf Krisen und Rückschläge vorbereitet. Vorbereitung ist das A und O. Es geht hier nicht nur um die finanzielle Vorbereitung, sondern auch um die mentale.

Schreibe als Vorbereitung alles auf, was dir in einer Krise helfen und dich wieder aufbauen würde. Das können körperliche Dinge sein wie Massagen, Sport oder Yoga, aber auch Genusserlebnisse wie gutes Essen oder eine Fahrt mit deinem Traumauto. Außerdem solltest du ein Team bilden, das dich bedingungslos unterstützt.

3.

Strahle Erfolg aus

Ich muss bei dieser Aussage immer an den Film „Catch me if you can" denken, in dem Leonardo di Caprio einen Hochstapler spielt und so überzeugend ist, dass ihm jede Rolle abgenommen wird.

Du solltest jetzt nicht zum Hochstapler werden, aber die Ausstrahlung deines Könnens hat oft mehr Wert als jede Ausbildung. Ich lerne immer wieder Menschen kennen, die weitaus mehr Qualifikationen besitzen als ich, doch sie strahlen Unsicherheit aus und legen nicht los.

Strahle Erfolg aus! Das kannst du schaffen, indem du unabdingbar an dich glaubst und dem Kunden das Gefühl vermittelst, die ideale Lösung für seine Probleme zu sein.

Trage bei wichtigen Terminen Kleidung, in der du dich wohl fühlst und die zum Anlass passt, auch wenn du dir dabei verkleidet vorkommst.

Trage dein Erfolgsparfüm, pushe dich durch Heldenmusik und gehe gedanklich noch einmal alle Lebenserfolge durch.

Sobald du von deinem Können überzeugt bist, so sind es andere auch.

4.

Höre nicht auf Andere

Die „guten Ratschläge“ werden Selbständigen oft ungefragt mitgeteilt. Das Ziel ist fast immer, Angst und Verunsicherung zu verbreiten, dir deine Ideen auszureden oder dich vor dem „großen Risiko“ beschützen zu wollen.

Stelle dir an dieser Stelle immer folgende Frage:

„Was hat der Absender dieser Botschaft bisher erreicht?“

Spiegelt sie/er das Leben wieder, dass ich einmal führen möchte?

Ist sie/er reich? ErfolgReich? Selbständig?

Führt sie/er ein gut laufendes Unternehmen?

Ist sie/er glücklich?

Du wirst einen Großteil der Fragen mit einem „NEIN“ beantworten können.

Also höre nicht auf die Pessimisten und Bedenkenträger und gehe mutig weiter deinen Weg.

5.

Den Mutigen gehört die Welt

Dies ist eine der wichtigsten Eigenschaften eines Unternehmers.

Als Unternehmer musst du oft mutige und riskante Entscheidungen treffen, ohne zu wissen, wie das Ergebnis aussieht.

Menschen, die sich immer in alle Richtungen absichern wollen, sind als Unternehmer nicht geeignet. Gerade in schwierigen Situationen, in denen man nicht mehr weiterweiß, erfordert es Mut, seinen Weg zu gehen und zu sich selbst zu stehen.

Ich habe die Erfahrung gemacht, dass, sobald ich eine echte Entscheidung getroffen hatte, es also kein Zurück mehr gab, der Weg frei war für etwas Neues. Die inneren Widersprüche lösten sich auf und es lief auf einmal, da die Energie in die Sache und nicht mehr in den inneren Kampf ging.

Stehst du gerade an einem Punkt, der eine mutige Entscheidung erfordert?

Dann schreibe alle Vor-und Nachteile auf und treffe danach deine Entscheidung - ohne Wenn und Aber - und gehe Deinen Weg!

6.

Lieber quer als gar nicht

Ich werde sehr häufig gefragt, ob ich studiert habe. Nein, habe ich nicht. Ich habe mein Hobby zum Beruf gemacht, Fortbildungen besucht und nach dem gehandelt, was mein Herz höherschlagen ließ. Doch es war bis hierher ein langer und steiniger Weg.

Anders zu denken und zu handeln, neue Wege zu gehen, weil das Gefühl dir sagt, dass es noch etwas anderes gibt, was dich erfüllt - das ist wichtig.

Gerade die Querdenker, die die anecken, die keiner zu Beginn versteht, sind die, die später große Erfolge feiern. Ob Elon Musk, Steve Jobs oder Walt Disney, sie alle sind oder waren ihrer Zeit voraus.

Gerade als Querdenker musst du an dich glauben, denn dein Umfeld versteht dich oft nicht. Du bist ihnen zu „merkwürdig", hast nur „verrückte" Ideen, oder man sagt dir, dass es nicht „lukrativ" sei und du kein Geld verdienen wirst.

In solchen Situationen sage dir immer, dass keiner wissen kann, was am Ende dabei rauskommt, aber du es versuchst hast und dabei glücklich bist – was viele andere nicht sind.

7.

Sicher ist sicher

Als Selbständiger oder Unternehmer ist das Wort „Sicherheit“ oft ein Fremdwort, denn es widerspricht dem Unternehmertum, sich in allen Bereichen absichern zu können.

Doch es ist wichtig, dass du dir selbst ein Gefühl der Sicherheit geben kannst. Ständig im Minus zu sein oder nicht schlafen zu können, weil du nicht weißt, wie du die nächste Rechnung zahlen sollst, ist keine Option, denn sie macht unfrei und lässt dich nicht unbefangen handeln.

Versuche daher, direkt von Beginn an, dir mindestens 20 % deiner Nettoeinnahmen zur Seite zu legen oder einen festen Dauerauftrag einzurichten, auf ein Konto, das du nicht täglich siehst.

Dieser Prozentsatz ist zu Beginn realistisch, da ein Unternehmer oft in sich oder sein Unternehmen investiert.

Diese Rücklage soll dein Konto der Freiheit bilden. Sieh es nicht als negativ oder spießig an, sondern als etwas, das dich frei werden lässt, als Unternehmer und für zukünftige Entscheidungen. Schaue dir zwei Mal im Jahr deinen Kontostand an, und du wirst sehen, wie glücklich es dich macht, so viel Geld zu haben.

8.

Wer schreibt bleibt

Gerade bei kurzfristigen Aufträgen oder bei Vereinbarungen mit Freunden und Bekannten wird es oft vermieden, etwas schriftlich zu vereinbaren.

Doch wenn der Auftrag nicht glatt läuft, fragt meist niemand, ob dieser Auftrag unter Zeitdruck abgeschlossen wurde oder ihr gerade gute Freund wart. Dann zählen nur das Ergebnis und die Unterschrift.

Versuche sachlich und ruhig zu bleiben und meide lieber eine Zusammenarbeit, bei der nicht alles geklärt ist. Es reicht bereits aus, eine E-Mail oder eine andere mediale Nachricht wie WhatsApp oder SMS als Nachweis zu haben.

Sollte sich dein Gegenüber nicht auf eine schriftliche Vereinbarung einlassen, rate ich dir: Lass es besser. Denn jemand, der keine Hintergedanken hat, hat kein Problem damit, etwas schriftlich festzuhalten.

Es hat auch noch einen weiteren Vorteil: Du weißt, woran du bist und kannst deine Energie fokussiert einsetzen, und dein Geschäftspartner kann nicht ohne Weiteres seine Entscheidung ändern.

Achte daher immer darauf, alles was du machst, schriftlich festzuhalten.

9.

Bilder sagen mehr als 1.000 Worte

Ich pflege seit Jahren meinen „Erfolgsordner“. Hier hefte ich die größten Erfolge ab, ob große Zahlungseingänge, E-Mails mit Lob oder Fotos von Top Events. Eine Vorlage des Erfolgsordners findest du im Downloadbereich.

Aber noch viel wichtiger sind Visionen.

Ich klebe mein Traumauto, mein Traumhaus und meinen Wunschkontostand ein. Außerdem schreibe ich jedes Jahr meine Ziele auf und kontrolliere diese jährlich. Ich schaue regelmäßig in meinen Erfolgsordner und visualisiere mein Leben.

Erstelle noch heute dein Visionsboard oder lege einen Erfolgsordner mit vielen Bildern und deinen Zielen an.

„Wenn du davon träumen kannst, dann kannst du es auch machen.“
Walt Disney

10.

Lieber Plus als Minus

Da, wo viel ist, kommt bekanntlich immer mehr dazu.

Als ich noch nicht viel verdiente, hatte ich das Gefühl, alles haben zu müssen. Mein Konto war ständig im Minus. Als ich dann mehr verdiente und mir mehr leisten konnte, hatte ich gar kein Bedürfnis mehr, Geld für Dinge auszugeben, die ich nicht wirklich brauchte.

Um dorthin zu kommen, habe ich mir angewöhnt, meine Impulskäufe zu regulieren, indem ich mir vor jedem Kauf sagte: Brauche ich das jetzt sofort und brauche ich das wirklich?

Wenn ich unsicher war, schlief ich noch eine Nacht darüber, und meistens war am nächsten Tag das Verlangen nicht mehr da. Es ist wichtig, sich klar zu machen, dass es ein solches Angebot oder ein ähnliches immer wieder geben wird.

Du wirst merken, dass im Laufe der Zeit dein Minus auf dem Konto zum Plus wird, wenn du einerseits lernst, auf Wünsche zu verzichten und andererseits laufende Kosten einsparst.

Ein Minus hat auch immer einen negativen Aspekt auf dein Mindset, denn es symbolisiert, dass nicht genug da ist und du es nicht schaffst, mit deinem Geld umzugehen.

Falls du generell Probleme mit dem Geld hast, dann versuche, dir ein positives Mindset zum Geld aufzubauen. Es gibt ein paar Tricks, das schnell zu schaffen, indem du beispielsweise einen 200 Euro-Schein oder 500 Euro-Schein immer in Deinem Portemonnaie hast und dieser nicht ausgegeben wird.

Solltest du das Geld gerade nicht haben, kopiere dir einen Schein. Wichtig ist, dass du das Gefühl bekommst, Geld zu haben und das mehr als genug.

Wenn du schöne Dinge siehst, die dir gefallen, sage dir: Das kann ich mir leisten, ich kann mir alles leisten, aber ich benötige es gerade nicht. Lass dich bei Schulden beraten und verändere Kleinigkeiten. Du wirst dich wundern, wie schnell du Geld anhäufst.

11.

Arbeite viel und hart

Das hört sich für viele zu Beginn merkwürdig an, denn überall liest man, dass man nur an sich glauben muss und an den Reichtum und man diesen wie von selbst anzieht und es dann läuft. Dem ist nicht so.

Alle erfolgreichen Unternehmer, die ich kenne und die es zu Wohlstand geschafft haben, arbeiten viel und fast sieben Tage die Woche. Doch der Unterschied zu vielen Angestellten und Erfolglosen ist, dass es ihnen Spaß macht und sie es nicht als Arbeit, sondern als Hobby sehen.

Gerade zu Beginn gilt es, Gas zu geben, denn hier ist der Elan groß, man hat viele Ideen und großen Tatendrang.

Ich habe teilweise von 6:00 Uhr morgens bis 23:00 Uhr abends gearbeitet, am Wochenende, zu Karneval, dann, wenn alle feiern gegangen sind. Doch ich habe mir immer gesagt, dass ich später immer noch ausgehen kann und mich auf mein Ziel fokussiert. Ich habe es immer geliebt, in mein Büro zu fahren und liebe es noch immer.

Sieh es wie eine Saat, die du säst. Je mehr Zeit du hast, deine Saat zu verteilen, umso mehr wirst du später ernten. Dann kannst du dich ausruhen.

12.

Dein Avatar

Um deinen idealen Kunden zu ermitteln, ist es hilfreich, einen Avatar zu erschaffen. Das bedeutet, deinen perfekten Kunden zu kreieren. Nutze deine Vorstellungskraft und schreibe so detailliert wie möglich auf, wer dein Kunde ist.

- Wie sieht dein Kunde aus? Was trägt er?
- Markenkleidung oder No Name?
- Attraktiv oder normal?
- Wie lebt dein Kunde?
- Hat er eine Familie, oder ist er bekennender Single?
- Welches Parfüm trägt er?
- Welches Auto fährt er?
- Ist dein Kunde ein Mann, eine Frau oder ein Kind?
- Welche Hobbies hat er?
- Ist er eher ruhig oder lebhaft?
- Gesellig?
- Geizig? Großzügig?
- Wo wohnt er? In der Stadt? Auf dem Land?
- Wohnung oder Haus?
- Welchen Beruf übt er aus?
- Ist er ein Impulskäufer oder solide und bedacht?
- Hat dein Kunde Geld?
- Ist er reich?
- Oder braucht er dich, um Geld zu generieren?

Schreibe alles auf, was dir einfällt. Am besten gehst du einen Tagesablauf deines idealen Kunden durch, auch wenn du ihn nicht persönlich kennst.

Sobald du deinen idealen Kunden ermittelt hat, fokussiere dich auf ihn und passe deine Angebote auf ihn an.

Du wirst deinen idealen Kunden magisch anziehen, sobald du ihn visualisiert hast.

13.

Lerne zu verhandeln

Die erfolgreichsten Unternehmer verhandeln und geben sich nicht mit dem erstbesten Preis, den sie erhalten, zufrieden.

Ich kenne viele - nicht erfolgreiche - Selbständige, die nie verhandeln, denn für Sie ist das unter ihrer Würde. Sie trauen sich nicht nachzufragen, es ist ihnen zu viel Zeitaufwand oder einfach zu blöd.

Mit dieser Arroganz oder auch Schüchternheit wird man im Laufe der Zeit sehr viel mehr Geld ausgeben als es die Konkurrenz tut. So wird man nicht marktfähig bleiben.

Ich liebe es zu verhandeln, den besten Preis rauszuholen und mich darüber zu freuen, dass ich beispielsweise ein Buch gratis zur Bestellung erhalten habe. Es geht nicht darum, wie auf dem Basar zu verhandeln, sondern einfach höflich nachzufragen, ob am Preis noch etwas zu machen ist und abzuwarten, wie das Gegenüber reagiert. Oft ist es viel einfacher als man denkt. Nach den ersten Erfolgserlebnissen wird es dir richtig Spaß machen. Du wirst dich vielleicht ein bisschen ärgern, dies nicht schon früher gemacht zu haben. Wenn man dann noch charmant und mit einem Lächeln nachfragt, kann fast niemand den ursprünglichen Preis beibehalten. Falls verhandeln gar nicht dein Ding ist, engagiere jemanden, dem es Freude macht.

14.

Spare Steuern

Für viele ist die monatliche Umsatzsteueranmeldung ein lästiges Thema, und sie schieben sie oft vor sich her. Mir ging es zu Beginn meiner Selbständigkeit genauso.

Um Zeit zu sparen, habe ich zu Beginn mehrere Personen meine Steuer machen lassen. Es endete jedes Mal in einer Katastrophe. Das Schlimmste, was einmal passiert ist, war, dass mein Jahrespraktikant die Hülle mit den Belegen, die er sortieren sollte, versehentlich geschreddert hat. Du musst dir das am besten bildlich vorstellen: Der Jahrespraktikant hat in diesem Fall locker 300 Euro vernichtet, da es Belege waren, die ich bar bezahlt hatte, wie Parkquittungen oder Restaurantbesuche, die ich nicht mehr als Kopie erhalten konnte.

Ab diesem Zeitpunkt änderte ich meine Einstellung und habe die Belege selbst sortiert, einen Duplex-Scanner gekauft. Jeder Beleg wurde sofort eingescannt oder abfotografiert. Mittlerweile habe ich wieder jemanden eingestellt, habe aber immer ein Auge auf meine Belege.

Jeder Beleg ist wichtig, jede Einreichung bringt Klarheit und manchmal Erstattungen, mit denen du oft gar nicht gerechnet hast.

Aber noch wichtiger ist ein seriöser, zuverlässiger und vor allem pfiffiger Steuerberater und unerlässlich, wenn du erfolgreich werden möchtest.

15.

DEIN BAUCH HAT IMMER RECHT

Wie oft habe ich mich schon geärgert, weil ich wieder einmal nicht auf mein Bauchgefühl gehört hatte.

Meistens haben mir andere eingeredet, ich solle dies oder jenes doch trotzdem machen, oder eine „Verpflichtung“ hat mich dahingetrieben, einen bestimmten Schritt zu gehen. Danach war der Schaden oft groß, und ich habe es bereut, nicht meiner Intuition gefolgt zu sein.

Das Bauchgefühl hört sich oft nach etwas nicht Greifbarem oder Unsinn an, doch Forscher haben herausgefunden, dass das Unterbewusstsein dafür verantwortlich ist und uns vor größerem Schaden bewahren will.

Mittlerweile vertraue ich absolut meinem Bauchgefühl, und das Interessante ist, dass meine Umgebung mich jetzt schon danach fragt, wie denn mein Bauchgefühl dazu sei, denn fast alles, was ich vorhergesagt habe, war bisher auch eingetroffen.

Meine Bitte an dich: Handle nach Deinen Instinkten, gehe in dich und höre darauf. Es ist dein bester Kompass.

16.

Nicht warten – starten

Ich kenne viele Selbständige, die sich einfach nicht trauen loszulegen. Sie sind oft weitaus besser qualifiziert als ich, doch das große Problem ist: Sie starten nicht und trauen sich nicht zu, ohne eine perfekte Ausbildung oder ein Zertifikat in diesem Bereich loszulegen. Es werden teure Veranstaltungen besucht, Weiterbildungen gebucht und erfolgreiche Coaches engagiert. Manchmal vergehen Jahre, die Person ist perfekt ausgebildet, doch es passiert nichts.

Hier steckt die Angst dahinter, sich zu blamieren und nicht perfekt und den Anforderungen nicht gewachsen zu sein. Doch man muss sich seiner Angst stellen, auch ohne doppelten Boden und mit Mut zur Wissenslücke. Niemand weiß alles und ist fehlerfrei. Erst durch die Praxis lernt man am meisten.

Starte mit einem kleinen Projekt oder einem kurzen Termin. Du wirst sehen, wie viel Spaß es macht, dein Wissen anzubringen. Sollte es nicht funktionieren, kannst du analysieren, woran es lag und weitermachen.

Es könnte auch sein, dass du merkst, dass dieser Bereich garnichts für dich ist, aber das erfährst du nur, wenn du loslegst.

Solltest du in die Lage kommen, zu einer Frage oder einem Thema nichts sagen zu können, überlege dir ein paar Sätze, wie: „Das schaue ich gerne für Sie nach und sende es Ihnen per E-Mail zu.“ Du wirst sehen, dass du viel mehr weißt, als du erwartet hast.

17.

Sei ehrlich

Im Geschäftsleben finde ich es eine der wichtigsten Eigenschaften, ehrlich zu sein. Zu dir, zu deinen Mitarbeitern und natürlich zu deinen Kunden.

Ich habe die Erfahrung gemacht, dass, wenn ich ehrlich mit meinen Kunden darüber gesprochen habe, dass es gerade beispielweise unerwartete Engpässe bei der Lieferung gibt, mein Sohn krank ist oder es aufgrund von Krisen momentan schwierig ist, die Aufträge zu erfüllen, ich als authentisch wahrgenommen wurde und die Kunden sich auf mein Wort verlassen konnten.

Zu Beginn sind die Kunden oft verärgert, wenn man etwas nicht einhalten kann, aber durch Ehrlichkeit kommt man meiner Meinung am weitesten. Dies gilt insbesondere, wenn ein Kunde beispielsweise versehentlich zu viel überwiesen hat oder Geräte oder Equipment zurückgeben werden müssen.

Für mich ist es selbstverständlich, dass ich Gelder zurücküberweise und den Kunden darauf hinweise, dass noch Gegenstände bei mir sind, die wir gerne zurückbringen möchten. Du glaubst gar nicht, wie positiv die Kunden darauf reagieren. Oft höre ich dann, dass die meisten sich nicht gemeldet hätten. Glaube mir: Dein Ruf eilt dir voraus - im Guten wie im Schlechten.

Kunden merken sich, wie man sie behandelt, und du kannst dir sicher sein, dass deine Ehrlichkeit belohnt wird.

Und falls das bei dem einen oder anderen Kunden doch nicht der Fall sein sollte, hast du es immerhin für dich und dein Gewissen gemacht und positive Energie aufgeladen.

Und langfristig zahlt sich deine Einstellung definitiv aus.

18.

Lass uns schnelles Geld machen

Es wird sehr oft mit dem schnellen Geld und wenig Invest gelockt.

In meiner Zeit als Unternehmerin hat sich bisher immer gezeigt, dass ein zu Beginn vermeintlich „günstiges“ Geschäft im Nachhinein sehr teuer wurde.

Generell benötigen alle Dinge ihre Zeit, und wenn man Geld benötigt, ist man ein leichtes Opfer für Betrüger oder Geschäftsleute, die kurzfristig Geld generieren wollen.

Es gibt nichts umsonst, daher rate ich dir: Sei besonnen und frage lieber noch einmal genauer nach und am besten: Schlafe eine Nacht darüber. Oft beginnt die Abwärtsspirale mit einem Lockangebot, bei dem später sehr viel Geld verlorengeht.

Plane langfristig, setze dir realistische Ziele, und du wirst alle überholen, die schnelles Geld machen wollten. Oft wird mit Größen geworben, die es auch mit kleinem Geld geschafft haben, aber das sind Ausnahmen und nicht die Regel.

Der überwiegende Teil arbeitet viel und hart in der Selbständigkeit und erntet später den Lohn für seine Arbeit und das reichlich.

19.

Halte Dich an Vereinbarungen

Du solltest dich immer an das halten, was vereinbart war.

Ich habe leider sehr oft die Erfahrung gemacht, dass gerade zu Beginn, wenn jemand mit mir zusammenarbeiten möchte, Versprechungen gemacht wurden, die anschließend nicht eingehalten wurden. Das passiert mir mittlerweile eher selten, weil ich erst einmal abwarte und vorsichtig an neue Geschäftsbeziehungen herangehe. Doch wenn eine Vereinbarung nicht eingehalten wurde, insbesondere vereinbarte Zahlungen, ist die Zusammenarbeit für mich sofort beendet.

Menschen ändern sich nicht im Verhalten, außer es geschieht ein so einschneidendes Erlebnis, dass diese Person zur Änderung gezwungen wird.

Halte dich daher an Vereinbarungen. Wenn du etwas unterschreibst oder einen Handschlag darauf gibst, muss das für dich wie in Stein gemeißelt sein. Denn alles kommt raus, irgendwann und immer.

20.

Werde kreativ

Wusstest du schon, dass die größten Innovationen in Krisenzeiten entstanden sind?

Dir geht es gerade nicht gut? Wunderbar! Jetzt ist der beste Zeitpunkt, etwas Neues zu starten.

Wenn alles rund läuft und das monatliche Geld automatisch kommt, warum sollte der Geist kreativ werden?

Nicht jeder Mensch ist von Geburt an kreativ. Du kannst dich jedoch mit kreativen und innovativen Menschen treffen, die dir helfen können, weitere Ideen zu entwickeln.

Oft hilft auch schon ein Besuch im Museum, eine Fahrt auf der Achterbahn, ein Spaziergang allein und ohne Handy im Wald, der Umgang mit Kindern, um wieder kreativer zu werden, oder aber ein Kreativ-Coach.

Diese Fragen helfen, um deine Kreativität wieder zu aktivieren:

Was wolltest du als Kind werden?

Wer war dein Superheld? Was gefiel dir an ihm?

Wenn über Nacht ein Wunder geschehen wäre, wie würde dein Tag heute aussehen? Was würdest du machen?

21.

ENTLASTUNG SCHAFFEN

Das ist eine der wichtigsten Erkenntnisse, wenn du als Unternehmer erfolgreich werden willst - zu delegieren.

Gerade Selbständige und kleine Unternehmer machen fast alles selbst, weil Sie es am besten und schneller als die anderen hinbekommen. Doch wer groß werden will, muss seine Aufgaben verteilen, daran führt kein Weg vorbei.

Auch wenn die Ergebnisse nicht so gut sind wie deine eigenen, du schaffst dir dadurch mehr Zeit für die wichtigeren Aufgaben, gewinnst Zeit um zu reflektieren, zu entspannen.

Es hat auch noch einen weiteren entscheidenden Vorteil, wenn du jemanden hast, der dich entlastet.

Solltest du einmal krank werden, läuft das Geschäft weiter und du erleidest keinen so großen finanziellen Verlust.

Versuche daher so früh wie möglich Personal einzustellen. Das können Jahrespraktikanten, Studenten oder Geschäftspartner sein. Du musst keine Tausende ausgeben, um effektiv zu arbeiten. Aber du wirst sehen, dass sich der Invest lohnt, denn du erreichst viel mehr in kurzer Zeit durch die Abgabe von Aufgaben.

22.

Fokussiert und vielseitig

Ein Widerspruch?

Ich höre es immer wieder: „Martina, du musst dich auf eine Sache konzentrieren." Aber warum muss ich das?

Konzentrieren sich Unternehmen auf nur ein Produkt und warten darauf, dass dieses Produkt erfolgreich wird? Legen Investoren ihr Geld in nur eine Aktie an und warten darauf, dass der Kurs steigt?

Warum soll also ich mich auf eine einzige Sache konzentrieren und warten, dass diese zum Erfolg führt? Das ist schon fast fahrlässig.

Für mich heißt es nicht, wenn ich mehrere Sachen starte, dass ich diese nicht gut mache, wie es oft in Büchern dargestellt wird. Vielseitig ist nicht gleich zerstreut. Kreative Menschen, Visionäre, die anders ticken und nicht nur einer Sache nachgehen, handeln falsch? Das sehe ich anders.

Ich habe oft mehrere Projekte, Webseiten, Produkte gleichzeitig laufen, doch ich fokussiere mich immer voll auf das, womit ich mich gerade beschäftige und gebe hier 150 %.

Dann warte ich ab, welcher Bereich erfolgreich ist. Alle anderen verfolge ich nicht weiter. Gerade Krisen kann man so anders entgegentreten, denn wenn ein Bereich nicht gut läuft, kann man einen anderen Bereich verfolgen, der gerade nicht betroffen ist.

23.

Lerne Dich selbst kennen

Welcher Typ bist du? Was bremst dich und deine Energie aus?

Es ist enorm wichtig zu wissen, wer man ist und wie man tickt. Bist du eher ein Visionär, der das große Ganze sieht und dem die Kleinstarbeit sehr schwerfällt, oder eher der Typ Buchhalter, der Sicherheit benötigt und immer wissen möchte, was auf ihn zukommt. Handelst du nach Deinem Bauchgefühl oder nach Fakten?

Deine Energie ist dein Kapital, deshalb musst du herausfinden, was dich ausbremst bzw. was dir Energie gibt.

Schreibe am besten in den nächsten Wochen alle Situationen auf, die dich stark Energie gekostet haben und solche, die dir Energie gegeben haben.

Notiere deine Aufgaben, die zu tun sind, dich aber nicht sonderlich belasten.

Im Laufe der Zeit wirst du herausfinden, was dir guttut. Für alle anderen Energiefresser solltest du dir Menschen suchen, die Tätigkeiten lieben, die du hasst.

Es war für mich lange nicht vorstellbar, dass es beispielsweise Menschen gibt, die gerne Belege sortieren und ordnen - aber es gibt sie.

24.

Sei loyal

Loyal zu sein, ist eines der wichtigsten Kennzeichen eines guten Chefs, Geschäftspartners oder Unternehmers.

Die meisten Trennungen, ob privat oder geschäftlich, finden statt, wenn sich das Gegenüber nicht loyal verhalten hat. Denn die sogenannte „Treuepflicht" zeichnet einen Charakter aus.

Lukrative Geschäfte, Konkurrenzangebote, nicht eingehaltene Absprachen, heimliche Geldentnahmen, illegale Deals oder das „in den Rücken fallen" sind Eigenschaften, die oft erst spät erkannt werden. Hier zählt der erste Eindruck, denn wenn man rückblickend auf diese Person schaut, hat einen das Unterbewusstsein schon früh gewarnt und mitgeteilt, die Finger von dieser Person zu lassen.

Bleib immer bei dir und deinen Tugenden. Das ist wichtig, wenn du erfolgreich werden möchtest. In der heutigen Zeit kommt alles raus. Es lohnt sich nicht, unehrlich oder unloyal zu sein.

Sei ein Vorbild, auch wenn es dir eventuell weniger Geld einbringt oder du dadurch ein unschlagbares Angebot ablehnen musst. Auf Dauer wirst du Erfolg haben, denn loyale Menschen werden gerade in der heutigen Zeit sehr geschätzt. Man arbeitet gerne mit ihnen zusammen.

25.

Passiv ist besser als aktiv

Ständig aktiv und präsent zu sein, kann auf Dauer in der Selbständigkeit sehr viel Kraft kosten. Daher solltest du Möglichkeiten finden, passives Geld zu verdienen. Das bedeutet, dass Geld auch fließt, wenn du nur wenig arbeiten kannst oder sogar nichts dafür tun musst.

Beispiele für passives Einkommen

- Personalvermittlung
- Bücher
- Patente
- Vermietung und Verpachtung von Räumen, Immobilien, Gegenständen, Geräten
- Geldanlage
- Affiliatemarketing
- Onlinemarketing

26.

Nutze die KI

Die KI (künstliche Intelligenz) wird von vielen noch gar nicht in Anspruch genommen. Man kann so viel Zeit sparen, wenn man sich ein wenig mit den modernen Medien beschäftigt.

Ich persönlich finde es heutzutage sehr befremdlich, wenn ich noch Zettel ausfüllen muss oder jemand Online-Bezahlportale nicht nutzt. Man kann innerhalb von Sekunden Webseiten automatisch generieren, in PowerPoint wird das gesamte Design durch KI gestaltet. Es gibt Apps, die einem das Leben stark vereinfachen.

Nutze auch du so oft wie möglich diese Möglichkeiten, denn sie dienen dazu, dir das Leben zu erleichtern und mehr Zeit zu haben. Diese Zeit solltest du nicht wieder mit dem PC, Handy oder Mac nutzen, sondern für Dinge, die dich erfüllen.

Als Unternehmer solltest du einmal die Zeit investieren, um anschließend den Rest automatisch laufen zu lassen. In Zukunft werden Unternehmen, die sich dem Thema verschließen, komplett vom Markt verschwinden und die Konkurrenz wird lachend vorbeiziehen. Ich möchte in diesem Buch keine Angst verbreiten, sondern dich dazu ermutigen, dich der Digitalisierung zu stellen und wenn du dich damit nicht auskennst, einen Fachmann zu engagieren, der dich unterstützt.

27.

Werde sichtbar

Sichtbarkeit ist unabdingbar, wenn du als Unternehmer oder dein Produkt erfolgreich werden soll.

Es nützt niemandem etwas, wenn du, dein Freundeskreis und deine Familie deine Ideen großartig finden, aber sonst niemand davon weiß.

Nutze so viel Öffentlichkeit wie möglich. Lasse dich beraten, wo deine Zielgruppen zu finden sind und starte so früh wie möglich damit, dein Produkt oder dich zu vermarkten.

Instagram, Facebook, TikTok, LinkedIn, Google, Webseite, Werbung, YouTube, Online-Marketing, dies sind alles Bereiche, mit denen du dich beschäftigen musst, oder du suchst dir eine gute Agentur, die dich unterstützt.

Die Kosten, die du hier investierst, sind gut angelegtes Kapital, denn du wirst schnell einen Effekt merken, neue Kunden generieren und konkurrenzfähig sein.

28.

THE SHOW MUST GO ON

Krisen sind die besten Prüfungen für einen Unternehmer, denn entweder er schafft es oder er gibt auf.

Und da Aufgeben keine Option ist, muss es weitergehen. Es gibt immer Wege, so ausweglos es auch manchmal aussehen mag.

Wofür ist diese Zeit gerade gut? Hast du vielleicht mehr Zeit mit Deiner Familie? Kannst du Hintergrundarbeiten erledigen, zu denen du sonst nicht gekommen bist?

Wer kann dir gerade aus dem Tief helfen? Niemand? Doch, es gibt immer jemanden oder etwas, was dir helfen wird.

Das können Bücher sein, YouTube Videos, Gespräche mit Freunden, wichtig ist nur bei allem:

DU BIST DER MACHER und DU KANNST ES SCHAFFEN.

Die meisten Erfolgsmenschen wollten aufgeben, haben sich noch einmal aufgerafft und es dann geschafft.

Beginne wieder zu lachen, so verrückt und unwirklich sich das auch gerade anhört. Schaue dir lustige Filme oder Videos an, sie verhelfen dir in eine andere Schwingung. Helfe anderen, denen es noch schlechter geht als dir.

Alles hat seinen Sinn, und wenn es nur das ist, dass du nun weißt, wie es sich anfühlt und anderen helfen kannst.

29.

Deine beste Zeit

Ich habe vor ein paar Jahren ein sehr spannendes Buch gelesen, das sich damit beschäftigte, wann die beste Zeit ist, um effektiv zu arbeiten. Mir war bis dahin gar nicht bewusst, dass ich es die ganze Zeit falsch gemacht hatte.

Als Frühaufsteherin bin ich oft schon um 6.30 Uhr aktiv, weil ich morgens die besten Ideen habe und voller Energie bin. Ich habe dann mit den Aufgaben angefangen, die mir Spaß machen, wie beispielsweise die Webseite zu designen, neue kreative Programme zu testen und E-Mails zu beantworten.

Doch in diesem Buch habe ich erfahren, dass es wichtig ist, zu Peak-Zeiten das zu machen, worauf man gar keine Lust hat und bei mir, eher am Nachmittag der Kreativität freien Lauf zu lassen, da man dann den Kopf eher abschalten kann. Seither arbeite ich viel besser und bin nicht so ausgelaugt.

Nutze deine Zeit effektiv und beschäftige dich mit Deinen Hoch-Zeiten.

Bist du eher der Morgenmuffel und wirst am Nachmittag / Abend aktiv? Dann erledige unwichtige Dinge am Morgen und Pflichtaufgaben am Abend.

Wichtige Termine solltest du unbedingt auf deine beste Zeit legen, damit du voller Energie dein Bestes geben kannst.

30.

Die Macht gehört Dir

Du bist der Herr / die Herrin Deiner Gedanken. Du hast die Macht über dein Leben, sonst niemand. Du entscheidest und nur du trägst die Konsequenzen. Mache dir bewusst, dass niemand über dich Macht hat und versuche, deine persönliche Macht zu stärken.

Es gibt Bereiche, in denen du unschlagbar bist, und genau in diesen Bereichen versuchen andere Menschen dir einzureden, dass du es nicht kannst oder du besser werden müsstest.

Sie machen dies, um dich klein zu halten. Höre ihnen nicht zu. Glaube nur an dich selbst.

Es ist die wichtigste Lektion im Leben eines Unternehmers, Selbstvertrauen aufzubauen und zu sich und seinen Fähigkeiten zu stehen.

Sobald du erkannt hast, dass du am längeren Hebel sitzt, bist du unaufhaltsam, denn dann bist du gelassen, kannst Verhandlungen führen ohne Angst, und dein Gegenüber wird merken, dass du dich nicht beeinflussen lässt.

Dieses Machtgefühl wird dir zu viel Erfolg verhelfen und dich gerade bei schwierigen Gesprächen enorm weiterbringen.

31.

Der ideale Mix

Zeit-, Mengengeschäft und passives Einkommen bilden das Einkommen. Versuche immer, ein Mengengeschäft, z. B. durch Produktverkauf, und ein passives Einkommen, z. B. durch Abos, Buchverkauf etc., in dein Geschäft zu integrieren.

Die meisten Selbständigen machen sich keine Gedanken darüber, wie sie ihr Geld verdienen, sondern eher darüber, dass sie überhaupt Geld verdienen. Daher schafft es auch nur ein kleiner Teil, vermögend und reich zu werden. Ich habe bisher nur sehr wenige kennengelernt, die es zum Millionär geschafft haben. Diese hatten aber eines verstanden: den Unterschied zwischen dem Zeit- und dem Mengengeschäft.

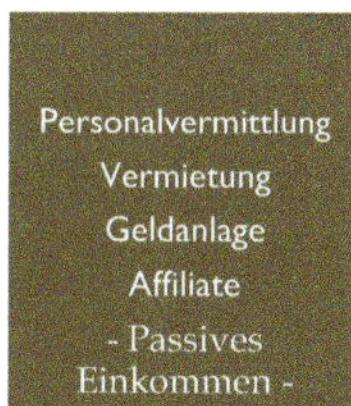

Du musst im Laufe der Zeit für dich selbst einen idealen Mix finden aus Selbständigkeit, Mengengeschäft, Besitz und passivem Einkommen. Je höher die passiven Komponenten prozentual sind, desto mehr kannst du verdienen und desto mehr Freizeit hast du, da das Geld automatisch auf dein Konto fließt.

32.

Wer flüstert dir ins Ohr

Du kennst es bestimmt auch: Sobald Entscheidungen anstehen, flüstert dir eine Stimme ins Ohr und verunsichert dich und möchte dich vor Unglück oder falschen Entscheidungen warnen oder sagt dir, dass du das nicht kannst und aufhören sollst und was „Anständiges" machen sollst.

Versuche diese Stimmen - manchmal sind es auch mehrere - zu identifizieren.

Ist es deine eigene oder die deiner Eltern, deines Partners oder einer einflussreichen Person deines Umfeldes?

Es ist wichtig, diese Stimmen zuzuordnen, denn so kannst du besser entscheiden, ob du ihnen zuhören oder sie in ihre Schranken weisen willst.

Es hört sich für dich jetzt vielleicht merkwürdig an, aber mit einem lauten

„Nein, ich gehe meinen eigenen Weg!"

weist du die Stimme in ihre Schranken, sie wird leiser und leiser, bis sie schliesslich verstummt.

Denke immer daran: Es ist die Meinung anderer Personen, die andere Erfahrungen in ihrem Leben gemacht haben.

Du triffst ab sofort deine eigenen Entscheidungen, die dich wachsen lassen.

33.

Glaube an das Unsichtbare

Du hast bestimmt schon viele Grafiken gesehen, die einen Eisberg zeigen, der nur an der Spitze sichtbar ist und der restliche Eisberg, ca. 80 %, unter der Meeresoberfläche liegt. Ebenso ist es mit allen Dingen, die unbewusst ablaufen und für dich nicht greifbar sind.

Ich höre schon seit meinem 16. Lebensjahr regelmäßig positive Affirmationen, also positive Glaubenssätze, die ich wiederhole. Damals noch als Kassette, mittlerweile digital.

Sobald ich ein Tief habe, höre ich mir die positiven Denkansätze wieder an, ich visualisiere meine Zukunft erneut und glaube daran, dass ich meine Ziele erreiche.

Schritt für Schritt.

Das allerwichtigste ist, an DICH selbst zu glauben.

Kein Coach dieser Welt wird dir helfen können, wenn du nicht an dich, an deine persönlichen Ziele glaubst.

Tue alles dafür, um es für dich so greifbar wie möglich zu machen. Gehe an Geschäften vorbei und sage dir: „Das kann ich mir leisten.", mache Probefahrten mit deinem Traumauto, mache dir einen täglichen Reminder in dein Smartphone und lass dich an deine Vision erinnern. Ändere dein Hintergrundbild auf dein Wunschhaus oder Auto.

Alles was dazu dient, es wahr zu machen, ist wichtig, und es wird wahr werden.

34.

Ohne Netz fällst Du auf den Boden

Du solltest dir für viele Bereiche ein Netz spannen.

Ein finanzielles Polster ist hilfreich, damit du weich fällst, wenn es mal eng wird. Das ist zu Beginn der Selbständigkeit vermutlich nicht einfach, aber machbar. Auch wenn du nur einen kleinen Betrag zur Seite legst - es ist besser, als kein Geld zu haben.

Zu deinem Netz sollte auch ein gutes Kontakte-Netzwerk gehören: Freunde, Bekannte, Coaches und Geschäftspartner, die dir helfen, wenn es mal nicht so gut läuft.

Gerade Selbständige und Unternehmer, die viel allein arbeiten, haben das Problem, neue Freundschaften zu knüpfen oder am Abend mal auszugehen, um sich auszutauschen. Nimm es selbst in die Hand, organisiere ein regelmäßiges Treffen monatlich oder alle zwei Monate und lade nette Geschäftspartner hierzu ein.

Entdecke Facebook-Gruppen, die zu dir oder deiner Selbständigkeit passen.

Das Netzwerk und Schwarmwissen können dir oft helfen. Manchmal haben Fremde einen anderen Blick auf die Situation und können dir einen objektiven Rat geben.

35.

DRUM PRÜFE, WER SICH EWIG BINDET

Ob in der Ehe oder im Geschäft, prüfe vorher, mit wem du eine Bindung eingehst. Das ist einer der Hauptgründe, warum Unternehmer scheitern: die fehlende Abstimmung vorab.

Ich kann gut nachvollziehen, wenn man zu Beginn nicht so genau hinschaut. Man ist euphorisch, möchte etwas starten und beachtet dabei nicht, ob es wirklich in allen Bereichen passt. Dann kommt das böse Erwachen (ähnlich dem Verliebt sein) - oft mit finanziellen Folgen.

Man sollte vorab die wichtigsten Themen klären: Der Umgang mit den Finanzen, die Einstellung zu Ausgaben, welche Aufgaben übernimmt wer und welcher (Arbeits-)Typ ist der angehende Partner?

Gibt es einen Visionär und einen Abarbeiter, oder sind beide Visionäre und sollte jemand eingestellt werden? Je besser sich die Partner kennen und die Vor- und Nachteile des

Gegenübers, umso höher ist die Wahrscheinlichkeit, dass beide sehr gut zusammenarbeiten werden.

Es kann aber auch sein, dass herauskommt, dass jeder besser allein arbeitet, jedoch für ein gemeinsames Projekt.

36.

Zeit ist Geld

Du startest mit einer Promotion eine Rabattaktion und gewährst auf dein Coaching einen Rabatt in Höhe von 40 %. Der Termin soll 90 Minuten dauern. Auf die Aktion melden sich 100 Personen, die das Coaching sofort in Anspruch nehmen möchten. Nun hast du ein Problem, denn deine Zeit ist begrenzt!

Wir gehen jetzt einmal davon aus, dass du 40 Stunden pro Woche arbeitest. Du müsstest 9.000 Minuten abarbeiten. Du solltest daher darauf verzichten, Angebote zu promoten, die deine Arbeitszeit benötigen und stattdessen ein Produkt anbieten.

Zeitgeschäfte sind zu Beginn der Selbständigkeit üblich, da viele sich mit einer Tätigkeit selbständig machen, die sie gelernt haben. Das ist auch vollkommen in Ordnung.

Behalte jedoch immer im Hinterkopf, dass deine Zeit begrenzt ist und du Mengengeschäfte anstreben solltest.

Zeit ist aber auch Geld in Hinblick auf Zeitfresser, wie zu viele Meetings, unnötige Telefonate und zu viel Zeit auf Social Media zu verbringen. In dieser Zeit arbeitest du nicht und verdienst kein Geld.

Versuche, vermehrt auf deine Zeit zu achten, denn diese ist kostbar.

37.

ABLENKUNG

Kennst du das auch?

Oh, eine neue Nachricht. Die musst du dir ansehen. Du schaust kurz auf Instagram und entdeckst neue großartige Bilder und Texte. Oder Mama ruft an und will dir unbedingt erzählen, dass der Nachbar jetzt ein neues Auto fährt und Frau Schiller gestorben ist. Dein Freund will kurz besprechen, was ihr heute Abend macht. Ein neues Video der WhatsApp-Gruppe blinkt auf ...

So vergeht wertvolle Zeit, sie reißt dich ständig aus der Konzentration, und du musst dich immer wieder neu fokussieren.

Versuche so viele Nebenaktivitäten wie möglich aus deiner Arbeitszeit herauszuhalten, indem du sie z. B. auf den Abend verlegst oder sie einfach ganz blockierst, oder bitte deine Freunde, sie möchten dir nur noch die lustigsten Videos schicken.

Auch wenn es zu Beginn schwerfällt: Schalte dein Handy auf „nicht stören" oder deine Benachrichtigungen per WhatsApp aus und nimm deine Zeit ernst.

Zeige Deiner Außenwelt, dass du als Selbständiger, der offenbar immer zu Hause ist, nicht zu jeder Tages- und Nachtzeit verfügbar bist.

Im Laufe der Zeit wirst du merken, wie viel konzentrierter du arbeitest und früher mit der Arbeit fertig bist.

Es wird dir viel leichter fallen, deine Arbeit zu erledigen.

Man erkennt an der Konzentration, wie ernst jemand seine Unternehmung nimmt.

38.

Über das Abschalten

Es ist wichtig, sich Auszeiten einzuplanen. Gerade als Unternehmer fällt es oft schwer, sich rauszuziehen.

Angestellte haben Urlaub, werden krankgeschrieben oder nehmen sich auch einmal einen Tag frei. Als Selbständiger meint man oft, man müsse verfügbar sein, man sei unersetzlich, und Urlaub gehe gar nicht.

Doch gerade in den Auszeiten entstehen neue Ideen, und es ist mal Raum da, um etwas loszulassen oder neu zu beginnen.

Ich habe seit Jahren immer einen festen Tag pro Woche frei. An diesem Tag mache ich etwas für mich, ohne schlechtes Gewissen und freue mich jede Woche auf diesen Tag.

Verlagere nach Möglichkeit dein Homeoffice in ein kleines Büro oder eine Bürogemeinschaft. So kannst du am Abend abschalten und bist nicht ständig mit deiner Arbeit beschäftigt und von ihr umgeben.

Wie sieht es bei dir aus? Könntest du es schaffen, dir mehr Auszeiten zu ermöglichen?

39.

Was ist Deine größte Angst

Wer seine Angst kennt, ist unbesiegbar.

Oft kennen andere Menschen dich besser als du dich selbst. Sie nutzen deine Ängste aus, um dich zu steuern und genau dahin zu bringen, wo sie dich haben wollen. Du bist manipulierbar und somit nicht zu Größerem fähig, weil du zulässt, dass dich andere davon abhalten können.

Mein Rat an dich: Stelle dich deiner größten Angst.

Gerade unter Selbständigen herrscht oft die Angst vor finanziellem Verlust, Erkrankung, Ehekrisen oder Geschäftsbetrug. Stelle dir bitte vor, dein Gegenüber kennt deine Angst und möchte diese gewinnbringend für sich nutzen. Er würde sofort den Knopf der Angst drücken; du wärst unfrei und würdest, ohne es zu wissen, wie eine Marionette funktionieren.

Das effektivste Mittel dagegen ist, den Worst-Case, also die absolute Katastrophe, einmal durchzuspielen und in Ruhe einen Plan B auszuarbeiten.

Sollte dir dies alleine zu viel Angst bereiten, empfehle ich dir einen guten Coach, der es gemeinsam mit dir erarbeitet.

40.

Kostenlos muss man sich leisten können

Ein Bereich, der oft unterschätzt wird, sind kostenlose Tätigkeiten für Familie, Freunde, Kollegen und all diejenigen, die sonst noch dein Wissen gratis nutzen möchten.

Dein Hilfsangebot ist sehr ehrenwert. Ich kenne es aus eigener Erfahrung, mal schnell zu sagen: „Das kann ich doch machen." Doch oft wird hieraus eine Mammutaufgabe, und man ärgert sich, nicht Nein gesagt oder einfach den Mund gehalten zu haben.

Es ist gerade zu Beginn der Selbständigkeit wichtig, dich abzugrenzen, denn es bringt dir kein Geld ein und du blockierst dir die Zeit für deine Aufträge.

Du musst es dir erst einmal leisten können, Dinge kostenlos anzubieten.

Ich habe mir hierfür folgende Lösung erarbeitet. Ich sage Folgendes: „ Es tut mir leid, ich schaffe es zeitlich gerade nicht, aber meine Aushilfe kann es gerne übernehmen. Sie nimmt XY Euro die Stunde und nimmt sich Zeit für dich." Solltest du keine Aushilfe haben, nenne einen Kollegen oder jemand anderen, der passt und den du kennst.

Du wirst eine spürbare Veränderung feststellen, denn deine sogenannte kostenlose Hilfe bekommt nun einen Wert in Euro.

In den meisten Fällen behelfen sich die, die dich um eine kostenlose Unterstützung gebeten haben, in dem Fall anders.

Wenn du dies durchhältst, werden die privaten Anfragen bald merklich abnehmen.

41.

Rat der Weisen

Lasse dir ausschließlich von Menschen einen Rat erteilen, die wissen, wovon sie sprechen - insbesondere dann, wenn du den Rat von Bankberater, Freunden, Coaches oder Geschäftspartnern einholst.

Ich höre mir sehr oft die Meinungen anderer Menschen an - ob gefragt oder ungefragt. Doch ich denke nur bewusst über deren Aussagen nach, wenn sie eine ähnliche Erfahrung wie ich gemacht haben oder erfolgreicher sind als ich. Ansonsten treffe ich meine eigenen Entscheidungen und ziehe weiter.

Es ist sehr wichtig, dass du dir bei tragenden Entscheidungen die Frage stellt:

Kannst du mir wirklich einen Rat geben? Bist du schon dort, wohin ich möchte?

Falls du die Frage mit einem Nein beantwortest, ignoriere den Ratschlag dieser Person.

Recherchiere besser im Internet oder suche dir einen Experten und lasse dich von ihm beraten. Das kostet dich vielleicht zu Beginn Geld, aber du sparst auch viel Geld, als wenn du den Ratschlag einer falschen Person angenommen hättest.

42.

Was kostet die Welt

Der Start bestimmt deinen Erfolg.

Bist du ein Mensch, der sofort und alles haben muss, bevor er loslegt, so kann ich dir schon jetzt sagen, dass deine Erfolgsaussichten eher schlecht sind.

Sobald Geld reinkommt, wird es wieder "investiert" und für Dinge ausgegeben, die nicht unbedingt nötig sind wie z. B. ein großes Auto, ein teures Büro, Angestellte, teure Kleidung, teures Laptop, neuestes Smartphone, Software, Dienstleistungen, teure Coachings, Webdesigner usw. Alles wichtige Dinge, keine Frage, aber ist das wirklich nötig, um dein Geschäft zu führen. Könntest du davon nicht auch etwas sparen oder selbst machen?

Ich wünsche allen Selbständigen, dass die Geschäfte von Beginn an so laufen, dass sie nicht auf das Geld achten müssen.

Die Realität sieht jedoch anders aus. Spätestens, wenn das Finanzamt an die Türe klopft, merken viele, dass sie sich zu viel aus dem Topf genommen haben, und der Negativ-Kreislauf setzt sich in Gang.

Meine große Bitte an dich: Prüfe vor jeder Anschaffung, ob du diese wirklich brauchst und schlafe eine Nacht darüber.

Oft wird mit Verknappung gearbeitet, um dich zu locken. Falle nicht auf diesen Trick herein. Sage dir stattdessen: Es wird immer wieder ein gutes Angebot geben. Oder warte erstmal ab. Ich weiß, dass es am Anfang schwierig ist, aber später wirst du um jede Anschaffung glücklich sein, die nicht nötig war.

43.

Ich wäre so gerne Millionär

Es sollte dein Ziel sein, als Unternehmer reich zu werden.

Realistischerweise schaffen es aber nur ca. 3 % zum Millionär.

Sich realistische und erreichbare Ziele zu stecken und am Ende doch den Erfolg einzustreichen, ist erstrebenswerter. Ansonsten ist man ständig frustriert, fragt sich, warum andere es schaffen und man selbst nicht. Man fühlt sich von solchen Gedanken blockiert. Sie machen dich unfrei.

Überlege doch einmal, wie du es schaffen könntest, mit deinem Unternehmen viel Geld zu verdienen.

Gut ist es immer, sich zu duplizieren, d. h. weitere Personen anzulernen, die Tätigkeiten übernehmen, damit du das Doppelte oder Mehrfache an Leistung in kurzer Zeit erwirtschaftest.

Vielleicht würde es dir auch ausreichen, ein gutes Auskommen zu haben, mit dem du sehr gut zurechtkommst und glücklich zu sein, statt nach den Millionen zu greifen.

Die meisten Selbständigen - YouTuber und Social Media-Stars ausgeschlossen - werden übrigens zwischen 45 Jahren und 55 Jahren zu Millionären.

44.

Wer vergleicht, verliert

Vergleiche dich nicht mit anderen, denn du bist EINZIGARTIG.

Hier ein kleines Beispiel:

„Herr Müller, ich habe eine gute Nachricht für Sie. Sie erhalten ab nächsten Monat eine Gehaltserhöhung in Höhe von 500 Euro."

Herr Müller kann sein Glück kaum fassen. Er fährt nach Hause zu seiner Frau und seinen Kindern und berichtet von seinem Erfolg. Alle sind sehr stolz.

Eine Woche später trifft Herr Müller seinen Kollegen Herrn Breuer. Herr Breuer berichtet stolz: „Ich weiß, wir dürfen nicht darüber reden, doch ich bin so glücklich. Der Chef hat mir letzte Woche eine Gehaltserhöhung von 700 Euro versprochen."

Herr Müller ist ab diesem Zeitpunkt frustriert und sauer.

Vergleiche dich nicht mit anderen. Du weißt oft die Gründe nicht und fühlst dich schlecht oder zurückgestellt. Es macht unzufrieden und bringt dich nicht weiter.

Konzentriere dich auf deine Stärken und glaube an dich. Es wird dich unaufhaltsam machen.

45.

STARTE KLEIN DENKE GROß

Alle, die ich bisher kennengerlernt habe und gescheitert sind, haben einen Fehler gemacht: Sie sind groß gestartet und klein geendet.

Das klingt jetzt hart, aber es entspricht der Realität. Wer zu Beginn alles braucht, z. B. ein neues Auto, teures Büro, beste Einrichtung, beste Lage, teure Ausbildungen und Coachings, wird am Anfang vielleicht noch gut klarkommen, doch im Lauf der Zeit merkt er, dass die monatliche Miete fürs Büro, die Leasingrate nicht mehr aufzubringen sind und die Coachings und Ausbildungen nicht den gewünschten Erfolg gebracht haben.

Ich habe auf Instagram ein Bild von meinem ersten Büro gepostet. Es war eine Bruchbude, aber ich war glücklich und habe viele Kundenaufträge generiert.

Es ist wichtig, ein großes Ziel vor Augen zu haben, aber klein zu starten.

Man sollte sich bei jeder Geldausgabe fragen, ob man diese Anschaffung jetzt und wirklich benötigt und sie der Steigerung des Geschäftserfolgs dient.

Um die Außenwirkung zu erhalten, kann man sich tageweise ein teures Auto mieten, Besprechungsräume in Businesscentern anmieten und ein E-Sekretariat bestellen, das die Anfragen annimmt.

Groß wirken ist fürs Marketing immer gut, jedoch achte drauf, dass deine regelmäßigen Kosten so gering wie möglich sind. Heutzutage benötigt man kein Auto mehr, denn die meisten Termine finden online statt oder man parkt das Auto in der Tiefgarage.

Es ist auch ein Trend zu verspüren, dass die jungen Unternehmer es eher abstoßend finden, wenn man auf zu dicke Hose macht und die Umwelt belastet. Daher ist ein E-Bike vielleicht eine gesunde Alternative.

46.

Ich brauche Hilfe

Sobald du das Gefühl hast, nicht mehr zu können, hole dir bitte Hilfe.

Sich Hilfe zu holen ist kein Beinbruch. Dafür gibt es ausgebildete Personen.

Du glaubst gar nicht, wie oft ich in meiner Anfangszeit die kostenlose Telefonseelsorge aus Verzweiflung angerufen habe, einfach, um reden zu können. Aber auch ein guter Coach oder Therapeut kann dich richtig weit bringen.

Manchmal braucht man einfach jemanden, der einem zuhört, manchmal geht es schnell, manchmal dauert es länger, aber du wirst danach ein anderer Mensch sein und einen anderen Blick auf die Dinge haben

Du kannst dir auch durch Bücher Hilfe holen.

Ich habe mich fast mit allen Themen intensiv beschäftigt, an denen ich fast verzweifelt bin, habe mir YouTube-Videos angeschaut oder einen Coach genommen, um mich dieser Aufgabe zu stellen.

Oft ist es auch so, dass man erst durch eine außenstehende Person merkt, dass die Selbständigkeit doch nicht so viel Freiheit gibt, wie du dachtest und dass du vielleicht doch nicht dafür geeignet bist.

Dann ist es ein guter Schritt, sich davon zu verabschieden und wieder als Angestellte/r zu arbeiten.

Doch egal, was gerade dein Thema sein sollte, hole dir zunächt einmal Hilfe und Unterstützung, bevor du eine weitreichende Entscheidung triffst.

Es gibt für alles eine Lösung und für jedes Problem den richtigen Ansprechpartner. Nur Mut.

47.

Informiere dich neu

„Informiere dich neu“

Das ist ein sehr wichtiger Tipp, den ich meinen Kunden gebe, wenn sie zu mir zum Coaching kommen.

Man hat oft das Gefühl, es geht nicht weiter und es gibt keinen anderen Weg oder dieser ist sehr lang und steinig.

Ich kann dir nur raten, informiere dich neu, sprich mal mit anderen Menschen, die einen ganz anderen Blick auf das Geschehen haben. Das kann der Bäcker, der Pfarrer, der Friseur oder jemand sein, den du sympathisch findest, der aber nichts mit Deinem Business zu tun hat.

Es geht nicht darum, jedem dein „Leid“ zu klagen, sondern mutig zu sein und einfach mal jemand anderen zu fragen. Du wirst erstaunt sein, was dabei herauskommt.

Es sind die kleinen Schritte und Veränderungen, die dich vorwärts bringen.

Manchmal reicht ein Satz, der dein Leben verändert.

48.

KARMA

Alles kommt zurück.

Nach diesem Mantra lebe ich. Es kann eine selbsterfüllende Prophezeiung sein, aber bisher bin ich sehr gut damit zurechtgekommen.

Ich behandele andere Menschen so, wie ich gerne behandelt werden möchte. Dazu gehört für mich die Ehrlichkeit, Loyalität, zu meinem Wort zu stehen sowie die Großzügigkeit. Anderen Menschen zu helfen, denen es nicht so gut geht und niemand anderem etwas wegzunehmen.

Du ziehst immer das an, an das du am meisten glaubst. Das hat oft mit dem Unterbewusstsein und nicht unbedingt mit Karma zu tun, denn dein Unterbewusstsein steuert deinen Tag, und wenn du guter Dinge bist, steuert es dich genau dorthin, wohin du möchtest.

Auch wenn es esoterisch klingt, ich persönlich glaube daran, dass es etwas gibt, das für uns nicht sichtbar ist und uns weiterhilft. Es kann das Unterbewusstsein sein, Engel, Gott, das Universum oder auch die Astrologie.

Wichtig ist, dass du an dich glaubst und dass es immer weiter geht, manchmal schnell, manchmal langsam, manchmal passiert scheinbar nichts, doch im Endeffekt geht es weiter.

49.

Lass Dich nicht runterziehen

Einer meiner Coaches hat einmal eine sehr wirkungsvolle Übung mit mir gemacht, die mir die Augen geöffnet hat:

Ich musste mich in ihrer Praxis auf einen Stuhl stellen. Ohne dass ich wusste, was als nächstes passiert, nahm sie meine Hand und zog kräftig daran, sodass ich vom Stuhl springen musste. Dann musste ich wieder auf den Stuhl und sie bat mich, sie hoch auf den Stuhl zu ziehen. Sie sagte dann, dass es viel einfacher ist, jemanden herrunterzuziehen als jemanden hochzuziehen.

Ich kann gar nicht mehr zählen, wie oft ich in meiner Karriere runtergezogen wurde, oft von naheliegenden Personen, Freunden und Bekannten, von denen man eigentlich das Gegenteil erwartet.

Dann wieder in die eigene Energie zu kommen und weiterzumachen, ist unheimlich schwer. Doch jedes Mal hat es mich stärker gemacht, denn ich habe gemerkt, wie viel Kraft in mir steckt.

Lästern und tägliche Nachrichten im Fernsehen oder Radio zählen auch zu den Dingen, die mich regelmäßig runtergezogen haben. Ich habe für mich den Entschluss gefasst, alles auf ein Minimum zu reduzieren, was mich Energie kostet, und konsequent den Umgang zu Personen und Mitteilungen zu meiden, die mein Wachstum ausbremsen.

Negative Energie ist so ansteckend wie eine Krankheit. Meide so oft es geht Situationen, nach denen du dich schlecht fühlst.

50.

Werde zum Vorbild

Jeder Unternehmer hat eine Vorbildfunktion.

Vorbildfunktion übst du aus, indem du z. B. dein Unternehmen nach vorne bringst, deine Mitarbeiter fair behandelst oder ein besonderes Produkt oder eine Dienstleistung anbietest.

Es gehört auch dazu, sich Respekt zu verschaffen und wenn nötig durchzugreifen, oder Mitarbeiter, die nicht ins Team passen, zu entlassen, Kunden abzulehnen, die sich respektlos verhalten, ob dir oder deinen Mitarbeitern gegenüber. Dazu gehört Mut, aber der zahlt sich aus.

Die Augen meines Sohnes strahlen immer vor Freude, wenn er mich im YouTube-Video sieht. Für ihn ist es, als sei ich ein Megastar. Ein Vorbild für meinen Sohn zu sein, macht mich sehr stolz.

Es steigert enorm deine Motivation, wenn du Menschen hinter dir hast, die absolut an dich glauben und dich in höchsten Tönen loben, auch wenn es nur eine einzige Person ist.

Das sollte auch deine Mission sein. Versuche so viele Fans wie möglich um dich zu scharen, die dich nach vorne pushen, die deine Stärke erkennen und diese fördern.

Motiviere deine Mitarbeiter, indem du sie lobst oder förderst, ihnen Überraschungen machst und du ihnen zeigst, dass du ihnen vertraust und glücklich bist, sie zu haben.

BONUS

Zu diesem Buch gibt es einen Downloadbereich. Hier findest du:

- E-Book zum Buch
- Vorlagen und Übungen zum Download
- Buchtipps

Link: www.martina-peukert.com/download
Gutscheincode: BUCH

Produktname und Beschreibung | Preis (EUR)

ERFOLGREICHE UNTERNEHMER

Erfolgreiche Unternehmer - Das Motivationsbuch — 13,97 €

Erfolgreiche Unternehmer - Das Motivationsbuch: Die besten 50 Tools inkl. Vorlagen

Ein Buch für Selbstständige, Unternehmer, Coaches von einer der erfolgreichsten Unternehmerinnen Deutschlands.

- Vermeidung der größten Fehler, die Unternehmer zum Scheitern bringen
- Leicht umsetzbare Inhalte, die Du 1:1 direkt nachmachen kannst
- Bewährtes, erprobtes Wissen und wertvolles Businesswissen, durch das Du ein erfolgreicher Unternehmer werden kannst
- Motivation in Krisenzeiten
- Bekomme bereits in 5 Minuten Zugriff auf das E-Book!
- 100%-Geld-zurück-Garantie
- **Kostenloser Bonus:** Arbeitsvorlagen

MwSt (7%): 0,98 €
Summe: 14,95 €

Du hast einen Gutscheincode? ▼
Gutscheincode (optional):

Hier den Gutscheincode **BUCH** eintragen.

Empfehlungen

- Bodo Schäfer - Der Weg zur finanziellen Freiheit: Die erste Million
- Brad Stulberg (Autor), Steve Magness - Peak Performance
- Christian Bischoff - Bewusstheit
- Dale Carnegie – Sorge Dich nicht – lebe!
- Dr. Joseph Murphy - Die Macht Ihres Unterbewusstseins
- Ester und Jerry Hicks – Ein neuer Anfang
- Hermann Scherer – FOKUS!
- Julien Backhaus - EGO: Gewinner sind gute Egoisten
- Jürgen Höller – Und immer wieder aufstehen
- Louise L Hay – Wahre Kraft kommt von Innen
- Louise L. Hay – You Can Heal Your Life (Film)
- Nancy Duarte – slide:ology oder die Kunst, brillante Präsentationen zu entwickeln
- Napoleon Hill – Erfolg durch positives Denken
- Oliver Schmuck u. René Renk – Digitales Einkommen
- Pierre Franckh – Der 6-Minuten-Coach: Erfinde dich neu!
- Rainer Zitelmann – Setze dir größere Ziele!
- Ralf Schmitz - Die 6 Schritte Sieger Strategie
- Reynolds – ZEN oder die Kunst der Präsentation
- Robert T. Kiyosaki – Rich Dad Poor Dad
- T. Harv Eker – So denken Millionäre
- The Secret – Das Geheimnis (Film)
- Tony Robbins – Money: Die 7 einfachen Schritte zur Finanziellen Freiheit
- Tracy – Das Maximum-Prinzip

WIR LESEN UNS WIEDER...

Schreibe mir gerne, ich bin sehr gespannt, wohin dich dein persönlicher Weg führen wird.

Sie benötigen Unterstützung?

Gerne unterstütze ich dich Einzelcoaching oder über Webinare. Mehr Informationen erhältst du auf meiner Webseite www.martina-peukert.com

Aktuelle Termine, Kurse und vieles mehr findest du auf Facebook und Instagram.

E-Mail: info@martina-peukert.com
WhatsApp: 0176-57655779

Instagram: www.instagram.com/martina_peukert

Ich freue mich natürlich über eine positive Bewertung meines Buches.

Deine
Martina Peukert

Danksagung

Mein erster Dank gilt **dir**. Vielen Dank, dass du mein Buch gekauft hast.

Zuerst gebührt mein Dank meinem Sohn, der mein größter Fan ist mich dadurch unendlich motiviert und mir durch seine Lebensfreude viel Kraft gibt.

Ebenfalls möchte ich mich bei Renate Jung für das wunderbare Lektorat.

Ein besonderer Dank gilt Julien Backhaus, der mich zu den 500 wichtigsten Erfolgsmenschen gewählt hat. Eleonore Schmidt sowie Michael Ruis vom Top Magazin Frankfurt, die mir in den letzten Jahren immer wieder eine große Wertschätzung und Anerkennung entgegengebracht haben.

Abschließend möchte ich mich bei allen meinen Kunden bedanken, die mich zu diesem Buch inspiriert haben.

www.ingramcontent.com/pod-product-compliance
Lightning Source LLC
LaVergne TN
LVHW010421230826
846092LV00003BA/996

* 9 7 9 8 3 2 1 3 3 2 0 3 0 *